vmn

# Die Berliner Weihnachtsgeschichte

in Mundart übersetzt
von Gerda Gränzig

vmn
Verlag M. Naumann

Gesamtherstellung: Danuvia Druckhaus Neuburg GmbH,
86633 Neuburg/Donau

Die Illustrationen sind Holzschnitte aus der
Bilderbibel von Julius Schnorr von Carolsfeld (1860).

Die Deutsche Bibliothek – CIP-Einheitsaufnahme
Ein Titeldatensatz für diese Publikation ist bei
Der Deutschen Bibliothek erhältlich
ISBN 3-933575-64-8

Herausgegeben von Dr. Walter Sauer.

Kostenloses Verlagsprogramm vom
vmn
**Verlag M. Naumann**
Eicher Str. 4, 61130 Nidderau
Tel. 06187 22122, Fax 06187 24902
eMail: info@mundartverlag.de
Besuchen Sie uns im Internet:
www.mundartverlag.de

N frohet
un jesundet
Weihnachtsfest!

## Der Engel Jabriel kündicht Maria de Schwangaschaft an

*(Lukas 1, 26-38)*

Jott schickte seen Engel Jabriel nach Nazareth, ne Stadt in Jaliläa. Hier lebte n Meechen, dit hieß Maria, un die war valobt mit n Mann, der Josef hieß. Der Engel kam in Marias Stube un sachte: »Ick jrüsse dir, Maria, du Hochbejnadete. Jott hat dir unta all den Frauen ausjesucht, weila dir besondas in seen Herz jeschlossn hat.«

Maria war aschrockn üba den Jruß un überlechte, wat dit bedeutn sollte. Da sachte der Engel zu se: »Nu hab ma keene Angst! Du hast Jnade bei Jott jefundn un wirst schwanga werdn, un dit wird n Sohn, dem du den Namen Jesus jebm sollst. Diesa Jesus wird ma janz wat Besonderet un wird ›Sohn det Höchsten‹ jenannt werdn. Jott wird ihm den Thron seinet Ahnen Davids jebm, un er wird Könich übat Haus Jakob bis in alle Ewichkeit, un seene Herrschaft wird nie uffhörn!«

Maria sachte zu dem Engel: »Nee, also weeßte – wie solln dit jehn? Wo ick doch noch nie mit n Mann so dichte zesamm war, dit ick n Kind kriejn könnt.«

Der Engel antwortete: »Der Heilje Jeist un Jottes Kraft werdn bei dir sein. Deswejen wird ooch dein Sohn heilich sein un ›Jottes Sohn‹ jenannt werdn. Du weeßt ja ooch, det deene Vawandte, de Elisabeth, in ihr Alta noch n Sohn kricht, woet doch imma hieß, die kann keene Kinda kriejn, un nu isse schon im sechstn Monat schwanga. Für Jott is nüscht unmöchlich!«

Da sachte Maria: »Is jut! Denn will ick ooch seene Magd sein, un allet soll so sein, wie du dit zu mir jesprochn hast.« Daruffhin vaschwand der Engel.

## Wie Jesus uff de Welt kam

*(Lukas 2, 1-20)*

Dit war jrade zu de Zeit, als Quirinius Statthalta von Syrien war un n Befehl von Kaisa Aujustus ausjing, det alle Menschn im Römischn Reich sich inne Steualiste eintraren müssn. Dit war nu dit allaerste Mal, det so wat durchjeführt wurde.

Also machtn sich alle Leute uffn Wech, jeda dahin, woa herjekomm is. So zog ooch Josef un seene Maria von Jaliläa nach Judäa inne Stadt Davids nach Bethlehem, um sich eintrarn ze lassn. Er stammte nämlich aus dem Jeschlechte Davids.

Maria war schwanga, un kaum in Bethlehem anjekomm, krichte se ihr Kind. Sie wickelte dit Baby inne Windel un lechte dit inne Futtakrippe in n Stall, weil inne Herberje keen Platz mehr war.

Inne Nacht warn Hirtn inne Nehe uffn Felde, die hütetn ihr Viehzeuch. Un da – uff eenmal wurde dit hell un klar, un n Leuchtn jing üban Himmel, un een von Jott jesandta Engel stand vor ihn, un Jottes Herrlichkeit breitete sich um se aus. Mächtisch erschrakn da de Hirtn.

Doch der Engel sachte zu se: »Habt keene Angst, denn ick vakündje euch ne jroße Freude. Für euch is heute in der Stadt Davids der Heiland jeborn, Christus, der Herr. Un dit soll n Zeichn für euch sein: Ihr werdet een Kind findn, dit liecht in Windeln jewickelt inne Futtakrippe!«

Un uff eenmal umstandn himmlische Heerscharn den Engel un priesn un lobtn Jott un riefn:

»Ehre unsan Jott
un Friede uff Erdn für alle Menschn,
weila se lieb hat.«

Dann ließ der Engel se wieda alleene un kehrte zurück in n Himmel. Die Hirtn sachtn zueenander: »Kommt, laßt uns hinloofn un kiekn, wat da in Bethlehem fürn Wunda passiert is, wat uns der Herr bekanntjemacht hat!«

Se zogen sofort los, jingen hin un fandn Maria un Josef un dit Kind, dit inne Krippe lach. Als se et sahn, azehltn se, wat der Engel ihn üba dit Kind jesacht hatte. Alle, die dit hörtn, stauntn üba dit, wat de Hirtn berichtetn. Aba Maria bewahrte allet

in ihr Herz un dachte imma wieda drüba nach. Die Hirtn wandatn wieda zerück un priesn un lobtn Jott für allet, wat se jesehn un jehört hattn. Allet war so jewesn, wie ihnen der Engel jesacht hatte.

## Die Sterndeuta komm zum Jesuskind

*(Matthäus 2, 1-12)*

Zu de Zeit, als Jesus in Bethlehem in Judäa uff de Welt kam, war Herodes Könich im Land. Da kam Sterndeuta aussem Morjenland nach Jerusalem un frachtn: »Wo issa denn, der neujeborne Könich der Juden? Wir ham seen Stern uffjehn sehn un komm un wolln n anbetn!«

Als dit nu dem Könich Herodes zu Ohrn kam, wara aschrockn un ooch alle Leute von Jerusalem. Da ließ Herodes alle Hoheprista un Schriftjelehrtn aussem Volk zesammrufn un frachte, wo denn der Messias uff de Welt komm sollte.

»In Bethlehem in Judäa«, varietn se ihm. »Dit steht ja schon beim Prophetn jeschriebn:

Un du, Bethlehem im Land Juda,
du bist uff keen Fall dit kleenste
vonne Fürstnstedte in Juda.
Aus dir kommt eenmal der,
der meen Volk führn un leitn soll.«

Da ließa denn ooch heimlich die Sterndeuta zu sich komm un horchte se ooch aus, wann denn der Stern uffjejan wär. Alssa nu allet jehört hatte, befahla den Sterndeutan, nach Bethlehem ze loofn un rauszekriejn, wo denn dit Bübchen abjebliebn war. »Un wenn ihrt jefundn habt«, sachta, »dann jebt mir Nachricht, dann jeh ick ooch hin un bete et an.«

Da zogn die Sterndeuta los, jeführt vom Stern, den se hattn uffjehn sehn, bis dahin, wo dit Kind war. Als se nu den Stern sahn, freutn se sich sehr. Se jingn int Haus un sahn dit Kind un Maria, seene Mutta. Da knietn se nieda, betetn dit Kindchen an un packtn ihre Jeschenke aus: Jold, Weihrauch un Myrrhe.

Inne Nacht im Traum sprach Jott zu se: »Jeht uff keen Fall zerück zu Herodes, nehmt n andan Wech in eure Heimat.« Wat se denn ooch tatn.

# Josef flieht mit Maria un Jesus nach Äjyptn

*(Matthäus 2, 13-15)*

Inne Nacht träumte Josef, n Engel kommt von Jott un sacht: »Steh bloß schnell uff, Josef. Nimm Maria un den kleen Jesus un flieh nach Äjyptn, un denn bleebste so lange da, bissick mir bei dir melde. Der Herodes will eua Kind ham un willet umbrin.«

Sofort is Josef uffjesprun un floh mit dit Kind un seine Mutta nach Äjypten, bis der Herodes dot war.